Questions - Réponses
6/9 ans

Les mers et les océans

NATHAN

Copyright © Larousse PLC 1994 parue sous le titre
I Wonder Why the Sea is Salty and Other Questions About the Oceans

Pour l'édition française © Éditions Nathan, Paris, 1995
ISBN : 2 09 278 145 - 6
N° d'éditeur : 100 44 378

Auteur : Anita Ganeri
Traduction et adaptation :
Brigitte Dutrieux

Pour l'édition canadienne :
ISBN : 2 - 7625 - 7975 - 9
Copyright © Les éditions Héritage inc.

Illustrations :
Chris Forsey 4-5, 6-7, 14-15, 20-21, 28-29, 30-31 ;
Nick Harris (Virgil Pomfret Agency) 8-9 ;
Tony Kenyon (B.L. Kearley)
pour les dessins humoristiques ;
Nicki Palin 10-11, 18-19 ; Maurice Pledger
(Bernard Thornton) 16-17, 24-25 ;
Bryan Poole 12-13, 22-23, 26-27.

Composition : PFC-Dole
Imprimé en Italie

SOMMAIRE

4 Quelle est la taille d'un océan ?

5 Quel est l'océan le plus grand ?

5 Quelle différence y a-t-il entre la mer et l'océan ?

6 Pourquoi la mer est-elle salée ?

7 La mer Rouge est-elle vraiment rouge ?

8 Quelle était la plus grande crainte des navigateurs ?

9 Qui fit le premier tour du monde en bateau ?

10 De quoi le sable est-il fait ?

10 Comment les grottes se forment-elles ?

11 Pourquoi les patelles s'accrochent-elles aux rochers ?

12 Y a-t-il des poissons lumineux ?

12 Quelle est la profondeur d'un océan ?

13 Y a-t-il des cheminées sous la mer ?

14 À quoi ressemble le fond de la mer ?

15 Y a-t-il des montagnes sous la mer ?

16 Comment les poissons respirent-ils sous l'eau ?

16 Comment les poissons nagent-ils ?

17 Quel oiseau vole sous l'eau ?

17 Comment se déplace le calmar ?

18 Quel animal marin adore jouer ?

18 Qui utilise les sons pour « voir » ?

19 Y a-t-il des animaux marins qui chantent ?

20 D'où viennent les vagues ?

21 Y a-t-il des rivières dans l'océan ?

21 Pourquoi les marins s'inquiètent-ils des marées ?

22 Où vivent les poissons anges, clowns et perroquets ?

23 Qu'est-ce qu'un récif corallien ?

23 Où est le plus grand récif ?

24 Quel est le poisson le plus gros ?

24 Quel est le poisson le plus rapide ?

25 Quel est le plus gros crabe ?

26 Quel poisson chasse avec un marteau ?

26 Existe-t-il des poissons électriques ?

27 Que sont les poissons-pierres ?

28 À quelle profondeur plongent les sous-marins ?

28 Qu'est-ce qu'un bathyscaphe ?

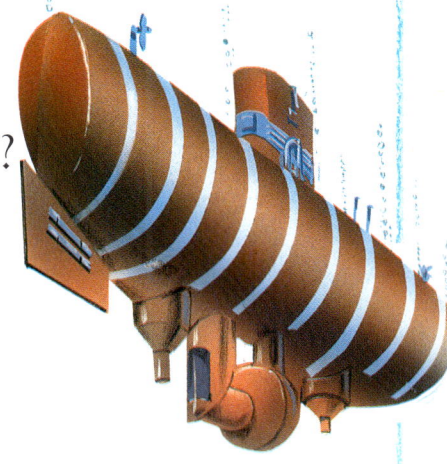

29 Quel est le record de plongée ?

30 Qui pêche avec du feu ?

30 Y a-t-il des élevages en mer ?

31 Y a-t-il des bijoux dans la mer ?

32 Index

Quelle est la taille d'un océan ?

L'océan est gigantesque ! Il représente les trois cinquièmes de la surface de la terre.
En fait, il existe quatre océans : le Pacifique, l'Atlantique, l'Indien et l'Arctique. Bien qu'ils aient des noms différents, ils communiquent pour former un seul gigantesque océan.

● Ne va pas nager dans l'océan Arctique ! C'est l'océan le plus froid, et il est recouvert de glace la plus grande partie de l'année.

Quel est l'océan le plus grand ?

Le Pacifique est de loin le plus grand océan du monde. Il est plus grand que les trois autres réunis et c'est aussi le plus profond. Si tu regardes une mappemonde, tu verras que le Pacifique recouvre la moitié de la surface de la terre.

• Ces gouttes d'eau classent les océans par ordre de taille.

Pacifique

Atlantique

Quelle différence y a-t-il entre la mer et l'océan ?

On utilise souvent les termes mer et océan pour désigner la même chose. Ce n'est pas faux, mais pour un scientifique, les mers sont des bassins océaniques de petite taille. La mer Méditerranée s'étend ainsi entre l'Afrique et l'Europe.

Indien

Arctique

Pourquoi la mer est-elle salée ?

L'eau de mer a un goût salé car elle contient du sel ! C'est le même sel que celui que tu utilises pour tes aliments. Il provient en grande partie des roches continentales. La pluie entraîne le sel dans les fleuves qui le charrient jusque dans la mer.

- Certains pays chauds, comme l'Inde, produisent du sel. Les hommes construisent de petits murets pour piéger l'eau de mer à marée montante. Le Soleil fait évaporer l'eau et le sel reste sur place.

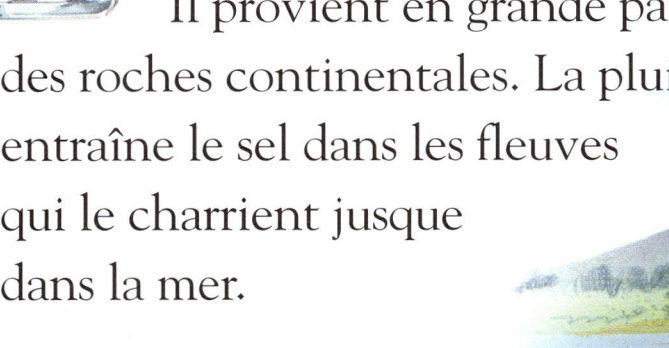

- Sur Terre, la plus grande partie de l'eau est salée. L'eau douce que nous pouvons boire n'est présente qu'en faible quantité.

La mer Rouge est-elle vraiment rouge ?

● Certaines plages de la mer Noire sont couvertes de vase noirâtre. Il paraît que s'en couvrir le corps est excellent pour la peau.

Certaines zones de la mer Rouge semblent rouges. En été, des millions de minuscules algues rouges se multiplient dans l'eau. Ne t'inquiète pas, tu ne deviendras pas tout rose si tu t'y baignes !

Quelle était la plus grande crainte des navigateurs ?

Autrefois, les navigateurs devaient se contenter de mauvaise nourriture, supporter des tempêtes effrayantes... et les attaques des pirates ! Les pirates sillonnaient les mers à la recherche de navires remplis de marchandises précieuses. Quand ils repéraient un navire, ils l'abordaient, attaquaient l'équipage et emportaient la cargaison.

● Barbe-Noire était un des pirates les plus redoutables. Pour paraître encore plus cruel, il avait coutume d'enrouler une corde autour de sa barbe et d'y mettre le feu !

● Les vrais pirates n'infligeaient pas le supplice de la planche à leurs prisonniers pour s'en débarrasser. Mais c'est ce qu'on lit dans les histoires !

• Il y eut peu de femmes pirates. Anne Bonny et Marie Read sont les plus connues. Elles se déguisaient en hommes.

Qui fit le premier tour du monde en bateau ?

En 1519, une flotte de cinq navires quitta l'Espagne pour faire le tour du monde. Leur capitaine, Fernand de Magellan, fut tué en route. Un seul navire, avec à son bord 18 survivants, réussit à terminer le voyage qui aura duré trois ans.

• Les conditions de vie étaient dures pour les hommes de Magellan. Quand la nourriture venait à manquer, ils mangeaient du cuir grillé.

De quoi le sable est-il fait ?

Regarde attentivement une poignée de sable et tu verras qu'il se compose de minuscules fragments de roches et de coquilles. Les fragments de roches proviennent de falaises érodées par l'action des vagues et de la pluie. Les coquilles sont cassées par les vagues.

- Le sable n'est pas toujours jaune. Certaines plages ont un sable blanc ou même vert.

- Suspends une algue dehors, elle te prédira le temps ! Si elle gonfle, la pluie arrive. Si elle se dessèche, le Soleil va briller.

- Les naufrageurs étaient des pillards qui allumaient des feux pour attirer les bateaux contre les rochers. Ils volaient les marchandises précieuses et les cachaient dans des cavernes.

Comment les grottes se forment-elles ?

Les vagues roulent le sable et les roches contre les falaises qui sont ainsi lentement usées. Les vagues creusent une petite cavité qui devient peu à peu un trou. Très longtemps après, ce trou devient une grotte sombre et humide.

• On trouve souvent des coquilles vides sur la plage. Leurs occupants ont sans doute été mangés !

• Une plage tropicale paraît déserte mais des dizaines d'espèces de plantes et d'animaux y vivent en réalité.

Pourquoi les patelles s'accrochent-elles aux rochers ?

Comme les autres animaux du rivage, les patelles ont une vie rude ! À marée haute, elles sont battues par les vagues. À marée basse, elles risquent d'être arrachées par les tourbillons d'eau. Les pauvres patelles doivent s'accrocher aux rochers pour ne pas être emportées par la mer.

Y a-t-il des poissons lumineux ?

Il fait si sombre au fond des océans que certains poissons produisent leur propre lumière. La baudroie abyssale possède un long filament qui se balance devant sa tête. L'extrémité de ce filament porte un organe lumineux qui sert à attirer les proies. Dès qu'un poisson approche, la bouche de la baudroie se referme d'un coup sec. Le piège a fonctionné !

● Le fond des océans est noire comme de l'encre et il y fait aussi froid que dans un réfrigérateur ! Malgré ces conditions, on y rencontre de stupéfiantes créatures.

Baudroie abyssale

Quelle est la profondeur d'un océan ?

● Au fond des océans il existe d'immenses fentes, appelées fosses. Certaines ont plus de 10 km de profondeur.

La profondeur moyenne d'un océan est de 4 km. Cela représente plus de 13 tours Eiffel superposées !

Y a-t-il des cheminées sous la mer ?

Des panaches d'eau bouillante, chargée de particules, surgissent de fentes situées au fond des océans. Ces particules se déposent au contact de l'eau froide, formant ainsi, peu à peu, ces étranges cheminées.

Grandgousier

● Beaucoup de poissons abyssaux sont vraiment très laids. Heureusement que l'obscurité règne dans ces grands fonds !

● Autour de ces cheminées, vivent des vers géants rouge et blanc de 2 m de longueur !

Lamprotoxus flagellibarba

À quoi ressemble le fond de la mer ?

Tu imagines sans doute que le fond de la mer est tout plat, mais ce n'est pas le cas partout. On peut y voir des montagnes et des vallées, des plaines et des collines comme sur les continents.

- Depuis la côte, les continents descendent en pente douce vers le large. Cette pente est appelée plate-forme continentale.

- La moitié du plancher océanique est couverte de plaines. Ce sont les plaines abyssales.

- La dorsale médio-atlantique est une longue chaîne de montagnes sous-marines située dans l'Atlantique.

- En 1963, un volcan fit éruption sous la mer, près de l'Islande. En grandissant, le volcan atteignit la surface et forma ainsi une nouvelle île appelée Surtsey.

Y a-t-il des montagnes sous la mer ?

Oui, beaucoup, et ce sont toutes des volcans ! On en a compté environ 10 000, mais il y en a peut-être le double. Elles sont appelées dorsales océaniques. Certains volcans sont si hauts qu'ils émergent de l'eau et forment des îles.

- Il y a des tremblements de terre sous la mer comme sur les continents. Plus d'un million par an ! Mais la plupart ont lieu si profondément qu'on ne les ressent pas.

- Une fosse est une vallée très profonde au fond de la mer.

- Une dorsale océanique est une chaîne de volcans sous-marins. Il y en a toujours un en éruption !

Comment les poissons respirent-ils sous l'eau ?

Comme toi, les poissons doivent respirer pour vivre. Mais toi tu prends l'oxygène de l'air alors que les poissons prélèvent celui de l'eau. L'eau que les poissons avalent est filtrée puis rejetée par les branchies. L'oxygène passe alors dans le sang du poisson.

● Les animaux marins ne respirent pas tous sous l'eau. Les morses, les phoques et les dauphins respirent à l'air libre. Ils doivent donc remonter à la surface.

Opercule

Comment les poissons nagent-ils ?

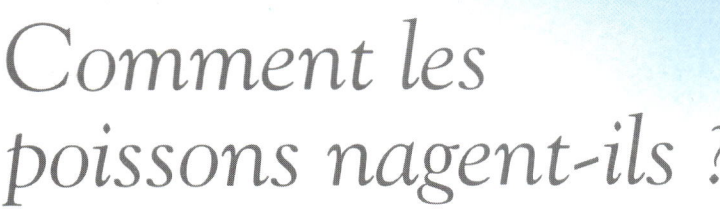

Les poissons nagent en faisant onduler leur corps grâce à des muscles. Les battements de leur nageoire caudale leur servent aussi à se propulser. Ils utilisent les autres nageoires pour garder leur équilibre et changer de direction.

Quel oiseau vole sous l'eau ?

Certains pingouins ne peuvent pas voler car leurs ailes sont trop courtes. Ils sont plus à l'aise dans l'océan où leurs ailes leur servent de nageoires.

Comment se déplace le calmar ?

Le calmar se déplace d'une manière étrange. Il aspire l'eau puis l'expulse si violemment que son corps est propulsé en arrière.

• Les hippocampes ne sont pas bons nageurs. Ils s'accrochent aux algues pour éviter d'être emportés par les courants.

• Le calmar a dix tentacules, deux de plus que sa cousine, la pieuvre.

Quel animal marin adore jouer ?

Les dauphins sont joueurs et confiants. Certains sont si amicaux qu'ils nous laissent nager avec eux. Des dauphins ont même sauvé des hommes de la noyade en les poussant vers le rivage avec leur museau.

Qui utilise les sons pour « voir » ?

Baleines et dauphins se servent de leurs oreilles et non de leurs yeux pour se diriger. Quand ils nagent, ils émettent des sons qui se déplacent dans l'eau. Dès que ces sons heurtent un obstacle, ils rebondissent comme une balle contre un mur. L'animal reçoit ce message et est ainsi averti de la position de l'obstacle.

- Avec leurs 200 dents pointues et tranchantes, les dauphins capturent aisément les poissons qui ont pourtant une peau glissante. Imagine-les se brossant les dents !

- Les narvals sont une sorte de baleine portant une très longue défense. Les marins vendaient ces défenses, prétendant qu'il s'agissait de cornes de licornes !

Y a-t-il des animaux marins qui chantent ?

Le béluga est une baleine blanche. Il est surnommé le « canari des mers » car il gazouille comme un oiseau. Il peut aussi meugler comme une vache, tinter comme une cloche, ou émettre un baiser sonore !

D'où viennent les vagues ?

Les vagues sont des ondulations de l'eau créées par le souffle du vent à la surface de l'océan. Par temps calme, elles sont faibles ; mais, par gros temps, elles deviennent de plus en plus grosses jusqu'à former d'immenses murs d'eau.

- Remplis un bol d'eau pour faire des vagues. Plus tu souffles fort à la surface, plus les vagues sont fortes.

- Certaines vagues peuvent rouler aussi vite que des chevaux au galop !

- Dans la baie de Waimea, à Hawaii, les vagues sur lesquelles glissent les surfeurs atteignent 10 m de haut, soit six fois la taille d'un homme !

- Les palmiers pourraient pousser dans une région froide comme l'Écosse car sa côte Ouest est réchauffée par des courants venant de contrées beaucoup plus chaudes.

- Les courants océaniques peuvent emporter une bouteille contenant un message. Mais il faut être patient : une bouteille a flotté pendant soixante-treize ans avant d'échouer sur le rivage !

Y a-t-il des rivières dans l'océan ?

Il existe dans l'océan des courants coulant comme des rivières. Ils voyagent plus vite que l'eau qui les entoure, circulant d'un bout à l'autre du monde.

- Au Canada, dans la baie de Fundy, à marée haute, l'eau est quinze fois plus profonde qu'à marée basse ; c'est la hauteur d'une maison de cinq étages !

Pourquoi les marins s'inquiètent-ils des marées ?

Deux fois par jour, la mer monte puis se retire à nouveau. À marée haute, l'eau recouvre la côte, les bateaux peuvent rentrer et sortir du port. Mais à marée basse, le niveau baisse et les bateaux sont échoués sur le rivage ou déjà loin en mer !

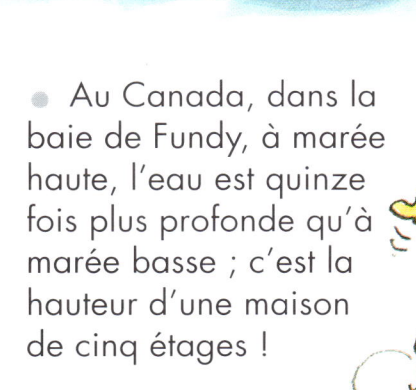

Où vivent les poissons anges, clowns et perroquets ?

Les anges de mer, les poissons-clowns et les poissons-perroquets vivent avec des milliers d'autres animaux dans les récifs coralliens. Les poissons tropicaux portent souvent des motifs aux couleurs éclatantes.

● Les récifs coralliens se trouvent dans les eaux peu profondes des régions les plus chaudes du monde.

Poisson-ange impérial

Poisson-perroquet

Ange de mer impérial

● Les bénitiers géants vivent dans les récifs coralliens. Leurs coquilles sont assez grandes pour y prendre un bain !

Qu'est-ce qu'un récif corallien ?

Un récif corallien est une belle barrière sous-marine. Il ressemble à des roches, mais il est en fait constitué de millions de minuscules animaux. Ces animaux ont une enveloppe qui se calcifie et qui reste sur place lorsqu'ils meurent. Le récif croît ainsi par empilement de couches successives de squelettes.

Les coraux prennent toutes sortes de formes.

Où est le plus grand récif ?

Le plus grand récif corallien du monde est situé dans les eaux chaudes et peu profondes de la côte Nord-Est de l'Australie. C'est la Grande Barrière de corail, qui s'étend sur plus de 2 000 km. Elle est si grande qu'on peut la voir de l'espace.

Poisson-clown

Quel est le poisson le plus gros ?

Le requin pèlerin est le plus gros poisson du monde. Il est aussi long que 8 plongeurs (près de 15 m de long) et aussi lourd que 6 éléphants (8 tonnes).

● Le gobie nain est le plus petit poisson marin.

● Le roi de harengs est le plus long poisson marin.

Roi de harengs

● Le plus gros végétal marin est une algue, le varech. Elle peut mesurer autant qu'un tir de ballon.

Voilier

Quel est le poisson le plus rapide ?

Le voilier peut se déplacer sous l'eau à environ 80 km/h, soit aussi vite qu'une voiture. Il plaque ses nageoires contre son corps et son museau pointu fend l'eau comme un couteau.

Requin pèlerin

Quel est le plus gros crabe ?

L'araignée de mer géante du Japon mesure environ 4 m d'un bout à l'autre de ses pinces. Elle pourrait tenir un hippopotame dans ses bras !

Le crabe de moule est le plus petit crabe. Il vit dans les coquilles de moules et d'huîtres.

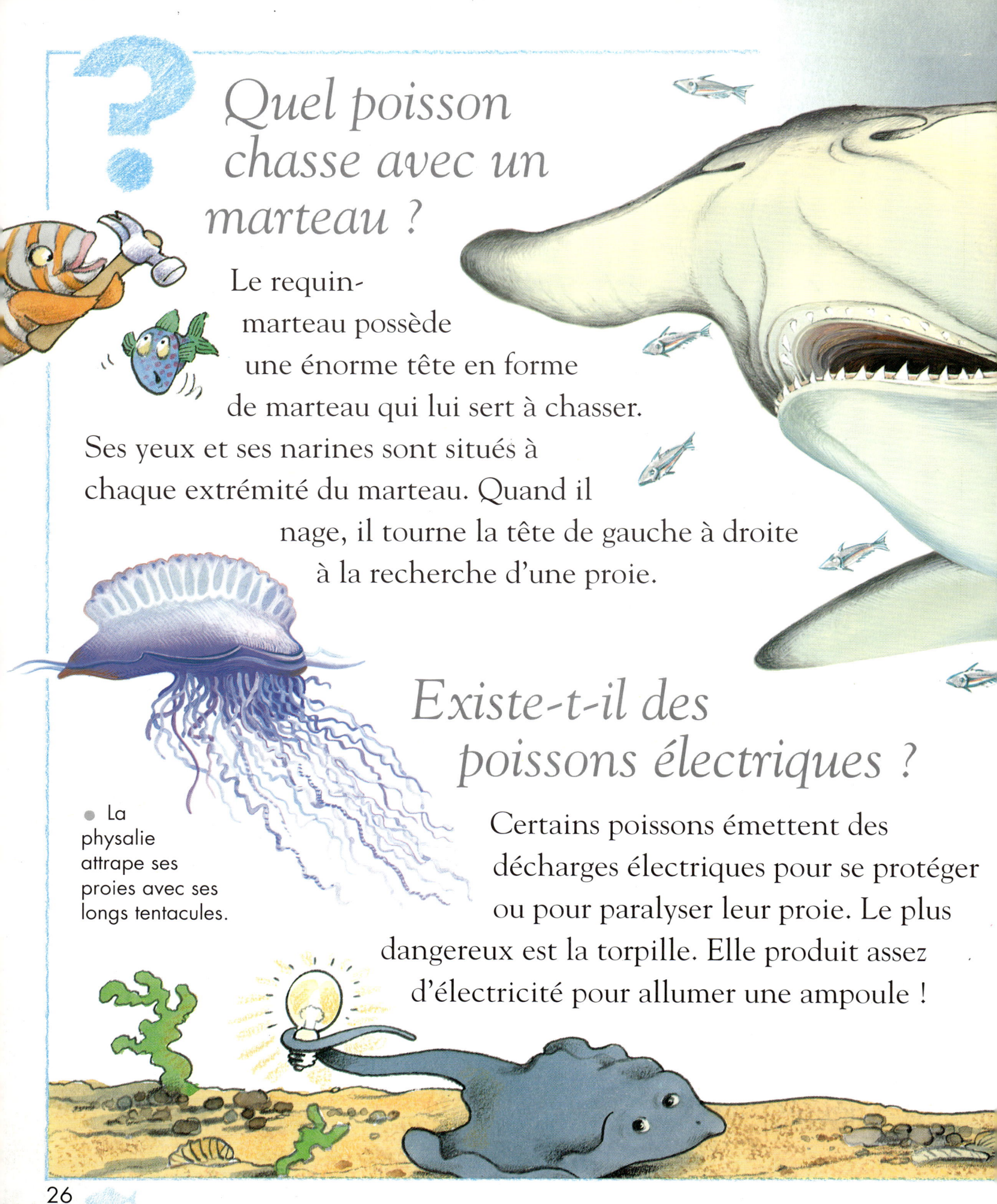

Quel poisson chasse avec un marteau ?

Le requin-marteau possède une énorme tête en forme de marteau qui lui sert à chasser. Ses yeux et ses narines sont situés à chaque extrémité du marteau. Quand il nage, il tourne la tête de gauche à droite à la recherche d'une proie.

● La physalie attrape ses proies avec ses longs tentacules.

Existe-t-il des poissons électriques ?

Certains poissons émettent des décharges électriques pour se protéger ou pour paralyser leur proie. Le plus dangereux est la torpille. Elle produit assez d'électricité pour allumer une ampoule !

• Les maquereaux se déplacent par bancs de milliers de poissons. Leurs ennemis ont ainsi plus de difficultés à capturer l'un d'eux dans cette masse.

Que sont les poissons pierres ?

Le poisson pierre ressemble à un bloc de pierre, mais il est pourtant dangereux. S'il est attaqué, il pique son ennemi avec les épines de ses nageoires enduites d'un poison mortel.

• Le dragon des mers a l'aspect curieux d'une algue flottante. Quel parfait camouflage !

À quelle profondeur plongent les sous-marins ?

Peu de sous-marins descendent au-delà de 200 m. Cela représente 100 fois la profondeur d'une piscine olympique.

Qu'est-ce qu'un bathyscaphe ?

Les plongeurs utilisent de petits engins appelés bathyscaphes pour explorer les profondeurs et rechercher des épaves et des trésors engloutis. Le *Titanic* était un énorme paquebot qui coula il y a plus de 80 ans. En 1985, des plongeurs découvrirent son épave par 3 781 m de fond. Ils purent l'atteindre grâce à un bathyscaphe, l'*Alvin*.

● Lors de son premier voyage en 1912, le *Titanic* heurta un iceberg dans l'océan Atlantique et coula.

Quel est le record de plongée ?

En 1960, dans l'océan Pacifique, deux hommes atteignirent la profondeur de 11 km dans la fosse des Mariannes. Ils étaient à bord d'un des premiers bathyscaphes, un extraordinaire engin nommé le *Trieste*. La descente dura environ cinq heures.

● Les plongeurs en eau profonde portent une sorte de cuirasse. Celle-ci est appelée araignée. Un vrai sous-marin individuel !

● Dans les zones les plus profondes de l'océan, la pression est tellement forte que c'est un peu comme si 10 éléphants s'asseyaient sur toi !

Qui pêche avec du feu ?

Sur une île du Pacifique, les habitants pêchent la nuit. Ils mettent le feu à des branches de cocotiers et les accrochent en travers de leurs bateaux. Les poissons nagent vers cette lumière et sont harponnés par les pêcheurs.

• Les algues sont riches en éléments fertilisants. C'est pourquoi les paysans les répandent dans leurs champs pour améliorer la qualité du sol. Elles sont aussi utilisées pour épaissir les glaces et les dentifrices.

Y a-t-il des élevages en mer ?

Oui, mais il n'y a ni fermiers, ni vaches, ni moutons ! Certaines espèces de poissons et de coquillages sont élevées en mer, dans des cages immergées. Les poissons sont si bien nourris qu'ils grossissent beaucoup plus vite qu'à l'état sauvage.

• Il existe plusieurs légendes expliquant comment la Terre s'est formée. Certaines racontent qu'elle est née dans la coquille d'un mollusque géant. Sacrée coquille !

Y a-t-il des bijoux dans la mer ?

Dans les eaux chaudes tropicales, des perles peuvent se former dans la coquille des huîtres. Les perles sont si rares qu'elles ont beaucoup de valeur. Des plongeurs risquent leur vie pour elles.

• La plus grosse perle jamais trouvée était aussi grosse que ta tête. Tu t'imagines la porter autour du cou !

Index

A
algue 10, 24, 30
Alvin 28

B
baleine 18, 19
Barbe-Noire 8
bathyscaphe 28, 29
baudroie abyssale 12
bénitier 22
branchies 16

C
calmar 17
coquillage 10, 11, 25, 31
courant océanique 21
crabe 25

D
dauphin 16, 18, 19
dorsale médio-atlantique 14

E
engins de plongée 28, 29

G
Grande Barrière de Corail 23
grotte 10

H
hippocampe 17

M
Magellan, Fernand de 9
marée 10, 11, 21
mer Méditerranée 5
mer Rouge 7
montagne sous-marine 15

N
narval 19
naufrageur 10

O
océan Arctique 4, 5
océan Atlantique 4, 5, 14, 28
océan Pacifique 4, 5, 29, 30, 31
océan Indien 4, 5

P
patelle 11
pêche 30
pingouin 17
pirate 8-9
plaine abyssale 14
plateau continental 14
poisson 12, 13, 16, 22, 24, 26, 27, 30
poisson-ange 22
poisson-clown 22
poisson-perroquet 22
poisson-pierre 27

R
récif corallien 22, 23
requin 24, 26
roi de harengs 24

S
sable 10
sel 6
sous-marin 28

T
torpille 26
Trieste 29

V
vague 10, 11, 20
voilier 24
volcan sous-marin 14, 15